ÉTUDES

SUR LES ANTIQUITÉS JURIDIQUES D'ATHÈNES

LA

NATURALISATION

A ATHÈNES

PAR

E. CAILLEMER

CORRESPONDANT DE L'INSTITUT

DOYEN DE LA FACULTÉ DE DROIT DE LYON

PARIS   CAEN

ERNEST THORIN | F. LE BLANC-HARDEL

7, *rue de Médicis*   2, *rue Froide*

1880

LA
NATURALISATION
A ATHÈNES

PAR

E. CAILLEMER

CORRESPONDANT DE L'INSTITUT
DOYEN DE LA FACULTÉ DE DROIT DE LYON

PARIS | CAEN
ERNEST THORIN | F. LE BLANC-HARDEL
7, *rue de Médicis* | 2, *rue Froide*

1880

Extrait les Mémoires de l'Académie Nationale des Sciences, Arts et Belles-Lettres de Caen.

LA

NATURALISATION

A ATHÈNES

Le principe, généralement admis aujourd'hui, que l'on ne peut avoir qu'une patrie, a été consacré par le Droit romain ; mais les Grecs paraissent l'avoir à peine soupçonné. Cicéron constate avec surprise que, dans les Républiques de la Grèce, on admet au droit de cité des gens qui gardent leur ancienne patrie, et qui, grâce à ce système, peuvent être citoyens de beaucoup d'États, *multarum cives civitatum*. Cette idée était si répandue en Grèce que les Romains eux-mêmes en subissaient l'influence. On voyait siéger dans les Tribunaux d'Athènes et jusque dans l'Aréopage des citoyens romains, qui, de bonne foi, croyaient ne pas abdiquer la qualité de *civis romanus* en acquérant celle d'Athénien. Et cependant, « jamais, dit encore Cicéron, un homme instruit du droit romain, et désireux de conserver le droit de cité romaine, ne s'attacherait à une autre cité (1). »

Atticus le prouva bien. Athènes, reconnaissante de la sympathie qu'elle trouvait en lui, voulut lui conférer la πολιτεία ou droit de cité; il refusa (2). Ce refus dut paraître bien étrange.

On raconte, en effet, que deux illustres philosophes, Zénon et Cléanthe, ne voulurent pas non plus devenir Athéniens, parce que l'acceptation par eux du droit de cité à Athènes aurait pu sembler un acte d'ingratitude et d'injustice pour leur patrie d'origine. On se moqua de leurs scrupules. « N'est-il pas singulier, dit Plutarque, qu'on donne son corps et toute son activité à un pays dont on ne veut pas être citoyen, alors qu'on laisse seulement son nom à un autre pays, auquel on déclare appartenir exclusivement? Zénon et Cléanthe pourraient être comparés à un homme qui a depuis longtemps abandonné sa femme légitime, qui a pris une autre femme avec laquelle il vit dans la plus grande intimité, qui a de cette dernière des enfants, et qui lui refuse le mariage pour ne pas faire tort à la première (3). »

Atticus, qui vivait à Athènes comme s'il y fût né, dut être, lui aussi, exposé à quelques railleries.

(1) *Pro Balbo*, c. XII, § 30.
(2) Cornelius Nepos, *Atticus*, III, 1.
(3) *De stoïcorum repugnantiis*, IV, §§ 1-2, Didot, p. 1264.

Chrysippe n'eut pas la même délicatesse ; il accepta le droit de cité. Il est vrai qu'il n'en abusa pas ; car, malgré tous les beaux conseils qu'il donnait à ses contemporains sur la nécessité de se mêler à la vie publique, il ne fut jamais stratège, nomothète ou sénateur ; on ne le vit jamais parler devant un Tribunal, combattre pour Athènes, aller en ambassade, faire une libéralité à l'État (1).

Sur ce point comme sur tant d'autres, Solon avait devancé ses contemporains. Le droit de cité, disait-il, ne doit être accordé qu'aux étrangers qui ont été pour toujours exilés de leur pays et à ceux qui sont venus s'établir à Athènes avec toute leur famille pour y exercer une industrie. On aura ainsi de bons et fidèles citoyens, n'ayant de devoirs qu'envers une seule patrie ; car les premiers ont été dépouillés de leur nationalité d'origine, et les seconds ont montré par leur conduite qu'ils abdiquaient volontairement cette nationalité (2).

Mais la voix du sage législateur ne fut pas assez entendue. De très-bonne heure, on admit au droit de cité à Athènes des gens qui n'entendaient pas devenir exclusivement Athéniens.

Nous nous proposons d'étudier aujourd'hui, au point de vue juridique, la naturalisation athénienne.

Nous nous abstiendrons de parler, dans cette

(1) *Eod. loc.*, II, § 1, Didot, 1263 et suiv.
(2) Plutarque, *Solon*, c. XXIV.

Étude, de la législation antérieure au VI° siècle.—
Plutarque raconte, il est vrai, que Thésée aurait
adressé un appel à tous les peuples : Δεῦρ' ἴτε πάντες
λέῳ (1), et aurait accordé les droits de citoyen à tous
ceux qui répondaient à son appel. C'est sans doute
à cette vieille légende de la φιλοξενία de Thésée
qu'il faut rattacher les lois recueillies par les
grammairiens ; cette loi, que l'on trouve dans
Photius et dans Suidas, qui prescrivait de recevoir
parmi les citoyens d'Athènes tous les Grecs qui
en exprimaient le désir (2) ; cette autre loi qui
prescrivait d'inscrire au nombre des citoyens
les étrangers qui venaient s'établir à Athènes ,
dès qu'ils y avaient passé quelque temps (3).....
— Plutarque avoue lui-même que, lorsqu'on
parle des temps héroïques, on court grand risque
de franchir la limite de ce qu'on sait et de ce
qu'on peut savoir : « C'est le pays des fictions
et des monstres, habité par les poètes et les
mythographes ; rien n'y est assuré, rien ne mérite
confiance (4). » On nous pardonnera de ne pas
nous y arrêter.

En prenant comme point de départ de nos
recherches sur l'histoire du droit athénien le
commencement du VI° siècle avant notre ère, nous
rencontrerons encore assez d'obscurités.

(1) *Theseus*, c. XXV.
(2) *S. v.* Περιβοῖδαι.
(3) Scholia in Aristophanem, *Ranæ*, v. 416, Didôt, p. 288.
(4) Plutarque, *Theseus*, c. I.

Nous traiterons successivement des conditions, des formes et des effets de la naturalisation.

§ 1.

CONDITIONS DE LA NATURALISATION.

I.—Les causes qui pouvaient motiver l'adoption par la République athénienne d'un étranger, et le faire agréer par le peuple et par les tribunaux, étaient naturellement multiples.

Le plus souvent, les décrets sont conçus en termes vagues et généraux ; ils parlent de la bienveillance dont le naturalisé a fait preuve à l'égard de la cité, de son dévouement, de sa générosité. Mais quelquefois un service notable est particulièrement mentionné.

Perdiccas, de Macédoine, a achevé la défaite des Perses après la bataille de Platée (1). Ménon, de Pharsale, a donné douze talents d'argent pour faire la guerre contre Eion ; il a même amené aux Athéniens trois cents cavaliers pris parmi ses pénestes (2). Événor, fils d'Évépias, d'Argos l'Amphilochique, en Acarnanie, s'est signalé dans l'exercice de la médecine par un dévouement

(1) Démosthène, *C. Aristocratem*, § 200, Reiske, p. 687.

(2) *Eod. loc.*, § 199, Reiske, p. 686 ; notons toutefois que Démosthène, dans son discours *De Republica ordinanda*, § 23, Reiske, 173, affirme que ni Perdiccas, ni Ménon n'ont reçu la πολιτεία ; l'ἀτελεία seule, dit-il, leur a été accordée.

exceptionnel aux malades d'Athènes (1). Audoléon, roi des Péoniens, a, dans un moment de crise, en 286, donné sept mille cinq cents médimnes de blé aux Athéniens, et il les a fait transporter à ses frais dans les ports de l'Attique (2). On leur donna à tous le droit de cité.

Les titres des Spartocides, princes ou rois du Bosphore et citoyens d'Athènes de père en fils (3), sont innombrables. Leukon, notamment, a exempté du droit d'exportation de trois pour cent, auquel sont soumises dans ses États toutes les marchandises, les cargaisons de céréales achetées par des négociants athéniens et dirigées sur le Pirée ; il a accordé aux navires athéniens le droit de charger dans ses ports avant tous les autres navires étrangers. Pœrisadès (349-311) a expressément renouvelé ces priviléges. Spartocos IV (304-284) a fait don, en 286, de quinze mille médimnes de blé, etc., etc.

Nos lois se montrent favorables à l'étranger qui a introduit en France une industrie, et elles abrégent en sa faveur la durée du stage habituellement exigé des candidats à la naturalisation (4). Obéissant au même mobile, les Athéniens ac-

(1) *Corpus inscriptionum atticarum*, t. II, n° 187, p. 87 ; cf. Rangabé, *Antiquités helléniques*, t. II, p. 35.

(2) *Corpus inscriptionum atticarum*, t. II, n° 312, p. 136.

(3) *Eod. loc.*, II, n° 311, p. 134 ; cf. Hicks, *Ancient greek Inscriptions*, t. I, p. 28, n° 15.

(4) Loi du 11 décembre 1849, article 2 ; loi du 14 juillet 1867, article 2.

cordent le droit de cité aux fils d'un négociant en salaisons, nommé Chœréphile, qui a introduit à Athènes l'art de préparer la saumure (1).

Les exemples pourraient être multipliés (2).

Qu'il y eût fréquemment des abus, surtout à l'époque de décadence, cela n'est pas douteux. Aristonicus de Caryste devint citoyen uniquement parce qu'il était habile joueur de paume (3). D'autres furent jugés dignes de la même faveur, sans qu'on se fût bien assuré de leurs bonnes dispositions. Athénion, qui mérita d'être qualifié de tyran d'Athènes (4), Apellicon de Téos, qui trouva moyen de dérober les textes originaux des anciens décrets conservés dans le Métroon (5), étaient des naturalisés (6).

Isocrate, dans un discours prononcé vers l'année 355, affirme que le peuple d'Athènes a donné le titre d'Athénien avec plus de prodigalité que ne le feraient les Triballes ou les Lucanes, si on sollicitait leur misérable condition (7).

---

(1) Athénée, *Deipnosophistæ*, III, 90, p. 119 et suiv.

(2) Voir de Bruyn de Neve Moll, *De peregrinorum apud Athenienses conditione*, 1839, p. 29 et suiv.

(3) Athénée, *Deipnosophistæ*, I, 34, p. 19.

(4) *Eod. loc.*, V, 48 et suiv.

(5) *Eod. loc.*, V, 53.

(6) Cotys, roi de Thrace, avait reçu le droit de cité ; ses meurtriers, Python et Héraclide, parurent dignes de la même faveur. Démosthène, *C. Aristocratem*, §§ 118 et suiv., Reiske, p. 659.

(7) *De Pace*, § 50, Didot, p. 108.

A peu près à la même date, en 352, Démosthène déplore de voir le droit de cité traîné dans la boue et dépouillé de son ancienne valeur. « Autrefois, dit-il, le titre de citoyen d'Athènes était en si haute estime chez tous les hommes, que, pour l'obtenir, on était prêt à rendre aux Athéniens les plus grands services. Maintenant, parmi ceux qui l'ont obtenu, il y en a qui ont fait plus de mal à Athènes que des ennemis déclarés. » (1)

Lorsque la République fut déchue de son ancienne splendeur, elle se montra de plus en plus facile dans la concession du droit de cité; et cependant, même à cette époque, le titre de citoyen d'Athènes conserva quelque prestige.

Descendit-on jusqu'à trafiquer de cette estime ? Dion Cassius prétend qu'Auguste défendit aux Athéniens de vendre la qualité de citoyen : Ἀπηγόρευσέ σφισι μηδένα πολίτην ἀργυρίου ποιεῖσθαι (2). Si l'historien ne s'est pas trompé, Pison avait bien raison de dire : « A Athènes, on ne voit plus d'Athéniens; après tant de désastres, il n'en reste plus. Les descendants des héros sont remplacés par une populace, vil ramas de toutes les nations : *Non Athenienses tot cladibus extincti, sed conluvies nationum.* » (3)

____

(1) Démosthène, *C. Aristocratem*, §§ 200 et suiv.; Reiske, p. 637.

(2) Livre LIV, § 7.

(3) Tacite, *Annales*, II, 55.

II. — Nous avons vu, de nos jours, des naturalisations en masse, sans aucun examen des garanties individuelles offertes par chacun des naturalisés. Le décret du 24 octobre 1870 notamment a déclaré citoyens français tous les israélites indigènes des départements de l'Algérie.

La petite République athénienne a quelquefois employé cette façon sommaire d'accroître le nombre des citoyens.

Lorsque Clisthène eut expulsé les fils de Pisistrate et leurs partisans, il introduisit à leur place dans les tribus une foule de métèques et d'affranchis : Πολλοὺς ἐφυλέτευσε ξένους καὶ δούλους μετοίκους (1).

Pendant la guerre du Péloponèse, les Platéens donnèrent à Athènes des preuves d'un dévouement exceptionnel. Lorsque leur ville eut été détruite, le droit de cité leur fut accordé à tous, sous la seule condition de le réclamer immédiatement et de faire vérifier par un Tiibunal leur nationalité et leurs bonnes dispositions envers Athènes (2). Beaucoup de Platéens profitèrent de cette offre généreuse, et, en 422, Athènes les établit à Skionè, dans la presqu'île de Pallène en Chalcidique (3).

(1) Aristote, *Politique*, III, 1, § 10.

(2) Démosthène, *C. Neœram*, §§ 101 et suiv., Reiske, p. 1380 et suiv. ; cf. Lysias, or. XXIII, *C. Pancleonem* ; Isocrate, *Panathenaicus*, § 94, Didot, p. 162, et *Plataicus*, § 52, p. 108.

(3) Thucydide, V, 32 ; Isocrate, *Panegyricus*, § 109, Didot, p. 39.

En 406, après la bataille de Arginuses, tous les esclaves qui s'étaient embarqués sur la flotte furent affranchis et inscrits sur les listes des citoyens au même titre que les Platéens : ὡς Πλαταιεῖς συμπολιτεύσασθαι αὐτοῖς (1). — Cette admission d'esclaves dans la cité athénienne a été contestée en se fondant sur le témoignage de Dion Chrysostome, d'après lequel une loi athénienne aurait interdit à l'esclave de naissance de prétendre au droit de cité : Ὁ Ἀθήνησι νόμος τὸν φύσει δοῦλον γενόμενον οὐκ ἐᾷ μετέχειν τῆς πολιτείας. (2) Mais rien ne confirme cette prétendue loi rapportée par un rhéteur de peu d'autorité. Bien loin de là, nous savons que des affranchis, qui étaient esclaves de naissance, furent naturalisés, et Andocide félicite ses concitoyens d'avoir souvent accordé la πολιτεία à des esclaves, δούλοις ἀνθρώποις, signalés par leur dévouement (3).

§ 2.

FORMES DE LA NATURALISATION.

I.— L'auteur du discours contre Nééra dit que le peuple d'Athènes s'est imposé à lui-même des lois, auxquelles il doit se conformer lorsqu'il

(1) Hellanicus, *in* Scholia in Aristophanem, *Ranæ*, 694, Didot, p. 295.
(2) XV, éd. Dindorf-Teubner, I, p. 264.
(3) *De reditu suo*, § 23, Didot, p. 76.

donne le droit de cité. La faveur qu'il accorde à celui qu'il rend Athénien est si belle et si imposante que le législateur n'a pas voulu la laisser abandonnée à l'arbitraire (1).

Il y a d'abord, dit l'orateur, une loi qui s'adresse au peuple et qui lui défend de rendre Athénien celui qui ne s'est pas montré digne du droit de cité par un dévouement exceptionnel à la République d'Athènes (2).

Lorsque le peuple assemblé s'est laissé persuader et a émis un vote favorable à la demande en naturalisation, ce vote équivaut seulement à une prise en considération du projet.

La naturalisation ne sera parfaite que si, dans une Assemblée ultérieure, elle est confirmée par les suffrages de six mille citoyens votant au scrutin secret. A cet effet, les prytanes sont chargés par le législateur de faire installer des urnes et de remettre à chacun des citoyens, au moment où il se présentera, une boule de vote. Il faut que chacun dispose librement de son suffrage et juge dans sa conscience si l'homme dont il s'agit de faire un citoyen est véritablement digne d'une telle faveur.

Même après ce second vote favorable de l'Assemblée, la naturalisation sera encore exposée à la γραφὴ παρανόμων. Le premier venu pourra demander aux Tribunaux de déclarer que l'étran-

(1) Démosthène, *C. Neœram*, § 88, Reiske, p. 1375.
(2) *Eod. loc.*, § 89.

ger ne mérite pas la faveur qui lui a été octroyée
et que c'est contrairement aux lois qu'il est devenu
Athénien (1). Ainsi un Tribunal de cinq cents membres peut être appelé à contrôler et à réformer un
décret rendu par l'Assemblée du peuple après un
double examen et voté au scrutin secret par six
mille citoyens (2) ! Il y a, ajoute l'orateur, de
nombreux exemples de ce retrait judiciaire de la
qualité de citoyen conférée par le peuple.

Toutes ces affirmations, contenues dans un
discours prononcé vers l'année 340, sont merveil-
leusement confirmées par les textes officiels des
décrets qui sont parvenus jusqu'à nous (3).

Le peuple juge d'abord qu'il y a lieu à naturalisation : Εἶναι Δ. Ἀθηναῖον αὐτὸν καὶ ἐκγόνους, καὶ
εἶναι αὐτῷ γράψασθαι φυλῆς καὶ δήμου καὶ φρατρίας ἧς
ἂν βούληται κατὰ τὸν νόμον. Ce premier vote est une
simple prise en considération, qui ne suffit pas
pour que l'intéressé devienne immédiatement
citoyen d'Athènes.

« Les prytanes qui entreront en fonctions dans
la prochaine prytanie feront, dans la première
Assemblée de cette prytanie, voter le peuple sur le
projet de naturalisation : Τοὺς δὲ πρυτάνεις τοὺς τὴν
εἰσιοῦσαν πρυτανείαν πρυτανεύοντας δοῦναι περὶ αὐτοῦ τὴν
ψῆφον τῷ δήμῳ εἰς τὴν πρώτην ἐκκλησίαν. »

En 340, l'examen judiciaire est encore l'excep-

(1) *Eod. loc.*, § 90.
(2) Frænkel, *Attischen Geschworenengerichte*, p. 38.
(3) Voir Buermann, *Animadversiones de titulis atticis*, 1870.

tion ; il est subordonné à la mise en mouvement par un citoyen de la γραφὴ παρανόμων.

Mais il résulte de textes nombreux que bientôt l'intervention des Tribunaux devint obligatoire. — Le législateur n'attend plus qu'un simple particulier prenne l'initiative d'une vérification en justice des titres du naturalisé. Il charge les thesmothètes de faire juger d'office et le plus tôt possible, par un Tribunal, si le don de la qualité de citoyen est légitimé par un examen attentif des mérites du privilégié : Τοὺς δὲ θεσμοθέτας εἰσαγαγεῖν αὐτῷ τὴν δοκιμασίαν τῆς δωρεᾶς εἰς τὸ δικαστήριον ὅταν πρῶτον οἷόν τ' ᾖ. — C'est vers l'année 320 que ce jugement d'office par les Tribunaux, sur la réquisition des thesmothètes, apparaît pour la première fois dans nos Recueils d'inscriptions. Mais, dès le commencement du III° siècle, il devient la règle générale, règle sans exception à partir de l'année 280.

Plus tard, vers l'année 250, les textes ne parlent plus de la mise aux voix par les prytanes, dans une deuxième Assemblée, du décret de naturalisation. Mais ils continuent d'exiger une δοκιμασία par les Tribunaux, et c'est seulement lorsque le résultat de cet examen a été favorable au naturalisé qu'il peut se prévaloir de la qualité de citoyen à lui conférée par le peuple.— Voici quelle est, à partir du milieu du III° siècle avant notre ère, la formule habituelle de la naturalisation : Δεδόσθαι Δ. πολιτείαν κατὰ τὸν νόμον· τοὺς δὲ θεσμοθέτας, ὅταν πληρῶσιν δικαστήριον εἰς ἕνα καὶ πεντακοσίους δικαστάς, εἰσαγαγεῖν αὐτῷ τὴν δοκιμασίαν τῆς πολιτογραφίας· καὶ εἶναι αὐτῷ δοκιμασθέντι γράψασθαι φυλῆς καὶ δήμου καὶ φρατρίας ἧς ἂν βούληται.

II. — Le Tribunal athénien, que les thesmothètes chargeaient d'examiner si le naturalisé réunissait les conditions exigées par la loi, peut être comparé à nos Tribunaux, lorsqu'ils vérifient si une adoption est conforme à toutes les prescriptions légales.

Leur intervention est indispensable; mais ils statuent sans enquêtes, sans écritures, sans plaidoiries, en un mot sans formalités judiciaires. C'est par voie officieuse qu'ils se procurent les renseignements dont ils ont besoin. Il n'y a pas de litige; il n'y a pas de demandeur ni de défendeur, parties contradictoirement intéressées. L'absence de l'adoptant ou de l'adopté, leur éloignement, ne seront donc pas un obstacle à la vérification.

Il devait en être de même à Athènes pour la naturalisation. Rien, par conséquent, n'empêchait que l'examen par les Héliastes et le vote n'eussent lieu en l'absence même du naturalisé.

Quelques textes, très-mutilés, peuvent appuyer cette proposition. Dans un décret de l'archontat de Dionysios, c'est-à-dire de la seconde moitié du III⁰ siècle avant notre ère, on lit : Εἰσαγαγεῖν τὴν δοκιμασίαν συννείμαντας καὶ δοῦναι περὶ αὐτοῦ τὴν ψῆφον καὶ μὴ παρόντος (1). Dans un autre monument,

(1) *Corpus inscriptionum atticarum*, t. II, n° 401, p. 100; cf. n° 400, p. 180.

à peu près de la même date : Εἰσαγαγεῖν τὴν δοκιμασίαν καὶ μὴ παρόντι (1). — Nous savons bien que ces restitutions, proposées par M. H. Buermann (2), sont très-conjecturales, si conjecturales que là où M. Buermann lit : δοκιμασίαν καὶ μὴ παρόντι, M. Kœhler avait lu : δοκιμασίαν Ἀθήνησι ὄντι, ce qui donnerait un sens diamétralement opposé et justifierait une thèse contraire à la nôtre. Mais la restitution de M. Buermann est si raisonnable, si conforme aux vraisemblances et aux analogies, que nous n'hésitons pas à l'adopter.

III. — Longtemps après l'époque classique, vers le milieu du II⁰ siècle avant notre ère, une nouvelle condition fut requise pour la naturalisation. On exigea que le naturalisé demandât expressément cette faveur. Les décrets disent, en effet : Δεδόσθαι Δ. πολιτείαν κατὰ τὸν νόμον αἰτησαμένῳ (3).

Sans doute, le texte est mutilé, et c'est par conjecture que ces derniers mots ont été restitués.

Mais, comme, à la même époque, d'autres inscriptions parlent d'une loi qui défendait l'octroi de faveurs telles que la προξενία et l'ἔγκτησις à ceux qui ne les avaient pas sollicitées : Δεδόσθαι Δ. καὶ προξενίαν καὶ γῆς καὶ οἰκίας ἔγκτησιν αἰτησαμένῳ κατὰ τὸν νόμον (4), il n'est pas étonnant que la même

(1) *Eod. loc.*, t. II, n⁰ 455, p. 231.
(2) *Animadversiones de titulis atticis*, p. 361 et suiv.
(3) *Corpus inscriptionum atticarum*, t. II, n⁰ 455, p. 231.
(4) *Eod. loc.*, t. II, n⁰ 123, p. 205 ; cf. n⁰ 138, p. 214.

exigence ait été également formulée par le législateur pour une faveur plus exceptionnelle encore, pour la πολιτεία (1).

Peut-être s'était-il trouvé quelque gratifié, qui, loin de se montrer reconnaissant de l'honneur qui lui était fait, l'avait dédaigné ou même refusé. Pour éviter le retour de pareils faits, une sollicitation préalable avait été imposée.

N'avons-nous pas vu sous l'Empire un sénatus-consulte du 17 février 1858 imposer aux futurs membres du Corps législatif un acte exprès de candidature, en l'absence duquel les bulletins portant leur nom devaient être nuls et ne pas entrer en compte dans le résultat du dépouillement du scrutin ? N'y a-t-il pas encore bon nombre d'Académies qui n'ouvrent leurs rangs qu'à ceux qui ont formellement demandé leur admission ?

D'ailleurs, la loi française, comme la loi athénienne, exige une demande en naturalisation (2).

IV.—Le texte officiel du décret de naturalisation était déposé dans le Métroon, édifice affecté à la garde des archives d'Athènes. La gravure sur une stèle de pierre et l'exposition de cette stèle dans l'Acropole étaient habituelles; mais elles n'avaient pas lieu de plein droit. C'étaient des distinctions

(1) Buermann, *Animadversiones de titulis atticis*, p. 318.
(2) Loi du 14 juillet 1867, art. 2.

supplémentaires, subordonnées à une concession expresse.

M. Foucart croit que le Sénat pouvait « ordonner, de sa seule autorité, la gravure et l'exposition de décrets votés antérieurement par l'Assemblée (1). » — Il nous semble que le peuple seul avait le droit d'ajouter une faveur à la naturalisation.

Nous accorderons volontiers que le Sénat pouvait permettre de rétablir une stèle effacée ou détruite ; c'est ainsi que nous expliquons le décret qui autorise Sthorynès, de Cyzique, naturalisé athénien, à exposer dans le Pythion des copies des décrets constatant les services rendus à Athènes par ses ancêtres (2). Le Sénat ne faisait alors que perpétuer l'exécution d'un vote antérieur de l'Assemblée.

Mais la première autorisation excédait les bornes de sa compétence. Il le reconnaît lui-même dans un décret de proxénie. La gravure, dit le προβού-λευμα, et l'exposition du décret auront lieu, si toutefois le peuple le juge convenable : Ἀπογράψαι τὴν προξενίαν ἐὰν καὶ τῷ δήμῳ δοκῇ (3).

Le plus souvent, cette autorisation était accordée dans le décret même de naturalisation ; mais elle pouvait être postérieure. Il y a des exemples de décrets, qui, à l'origine, ne devaient pas être gravés, et pour la gravure desquels on a

(1) *Mélanges d'épigraphie*, 1878, p. 53.

(2) Foucart, *Eod. loc.*, p. 50 ; Hartel, *Studien über attisches Staatsrecht*, 1878, p. 161.

(3) *Corpus inscriptionum atticarum*, t. II, n° 89, p. 10.

obtenu plus tard de l'Assemblée un nouveau décret.

En même temps qu'il accordait l'autorisation, le peuple désignait un magistrat, qui n'est pas le même à toutes les époques, le γραμματεὺς τῆς βουλῆς (1), puis le γραμματεὺς ὁ κατὰ πρυτανείαν (2), l'ἀντιγραφεύς (3), le γραμματεὺς τοῦ δήμου (4), le γραμματεὺς τῆς βουλῆς καὶ τοῦ δήμου (5), pour veiller à ce que le texte gravé fût exactement conforme au texte officiel et pour faire placer la stèle dans l'Acropole, lieu habituellement indiqué pour l'exposition des stèles honorifiques.

Les frais d'achat d'une stèle et de gravure étaient souvent laissés par le peuple à la charge de l'intéressé. Mais souvent aussi, à titre de faveur supplémentaire, l'État devait les supporter. Pour faire face à la dépense, le décret allouait un crédit, variant de dix à trente drachmes (6), et désignait le trésorier dans la caisse duquel serait prise

(1) *Eod. loc.*, t. II, n° 54, p. 25 ; n° 154, p. 64.

(2) *Eod. loc.*, t. II, n° 115ᵇ, p. 410 ; n° 187, p. 87 ; n° 243, p. 104 ; n° 298, p. 123 ; n° 300, p. 123 ; n° 320, p. 144 ; n° 395, p. 188 ; n° 396, p. 189 ; n° 398, p. 189 ; n° 427, p. 208 ; n° 429, p. 209 ; n° 455, p. 234.

(3) *Eod. loc.*, n° 228, p. 97 ; n° 229, p. 97.

(4) *Eod. loc.*, n° 273, p. 116 ; n° 530, p. 315.

(5) *Eod. loc.*, n° 309, p. 132.

(6) Dix drachmes ; *Eod. loc.*, n° 272, p. 115 ; n° 320, p. 144.

Vingt drachmes ; *Eod. loc.*, n 54, p. 26.

Trente drachmes ; *Eod. loc.*, n° 115ᵇ, p. 410 ; n° 154, p. 64 ; n° 229, p. 97 ; n° 243, p. 104 ; n° 273, p. 116.

la somme octroyée, d'abord le ταμίας τοῦ δήμου (1),
puis les trésoriers appelés οἱ ἐπὶ τῇ διοικήσει (2),
plus tard encore le ταμίας τῶν στρατιωτικῶν (3).

Quant aux frais de rétablissement des stèles
détruites ou endommagées, rétablissement que,
comme nous l'avons dit, le Sénat pouvait au-
toriser, ils étaient naturellement payés par les
intéressés.

§ 3.

EFFETS DE LA NATURALISATION.

I.—Dans tous les décrets de naturalisation, il est
dit que le naturalisé pourra se faire inscrire dans
la tribu, dans le dème et dans la phratrie qu'il lui
plaira de choisir : Γράψασθαι φυλῆς καὶ δήμου καὶ
φρατρίας ἧς ἂν βούληται.

Tout le monde reconnaît que cette clause
conférait au δημοποίητος le droit de réclamer son
inscription sur les registres du dème et par
conséquent de la tribu, qui lui convenaient le
mieux. Un refus n'était pas possible. — Le nom du

(1) *Eod. loc.*, nᵒ 54, p. 26; nᵒ 115ᵇ, p. 410; nᵒ 228, p. 97;
nᵒ 220, p. 97; nᵒ 243, p. 104; nᵒ 272, p. 115; nᵒ 273, p. 116;
cf. nᵒ 154, p. 64.
(2) *Eod. loc.*, nᵒ 309, p. 132; nᵒ 320, p. 144; nᵒ 398, p. 189.
(3) *Eod. loc.*, nᵒ 396, p. 189; nᵒ 427, p. 208; nᵒ 455, p. 234.
Nous n'avons tenu, dans les citations qui précèdent,
aucun compte du nᵒ 328, qui est certainement l'œuvre d'un
faussaire.

dème adopté par le naturalisé était ajouté à son
nom personnel, ainsi que cela avait lieu pour les
citoyens d'origine. On trouve même dans quelques
cas l'indication simultanée de la nationalité
primitive et du dème d'adoption : Ἀρχέδημος ὁ
Φεραῖος καὶ Χολλείδης (1).

Mais le naturalisé, qui n'avait pas besoin du
consentement des δημέται pour se faire admettre
dans un dème, devait-il obtenir le consentement
des φράτορες à son inscription sur les registres de
la phratrie ? Pouvait-il même entrer dans une
phratrie? Graves difficultés, sur lesquelles nous
devons nous arrêter !

Nous ne rechercherons pas si, avant les réformes
de Clisthène, les δημοποίητα pouvaient ou ne pouvaient pas être inscrits dans les triacades. Pour
Bœckh, la négative est certaine, et les ἀτριάκαστα,
dont parle Hésychius, οἱ μὴ μετέχοντες τριακάδος
Ἀθηναῖοι, ces Athéniens qui ne participent pas aux
triacades, sont précisément les citoyens naturalisés (2). — Les documents nous font défaut pour
contrôler l'assertion de l'illustre philologue.

Relativement aux phratries, qui nous sont
mieux connues, les opinions sont très-divergentes.

L'accord n'existe que sur un seul point. Lorsqu'un δημοποίητος avait été adopté par un citoyen
membre d'une phratrie, ce δημοποίητος pouvait,

(1) Bœckh, *Corpus inscriptionum græcarum*, I, n° 456,
p. 403.
(2) *Corpus inscriptionum græcarum*, I, p. 140, n° 101.

en remplissant les formalités ordinaires, entrer dans la phratrie de l'adoptant.

Mais, dès que l'on écarte cette hypothèse d'adoption, les dissidences se produisent.

Les uns disent : A l'époque classique, le naturalisé restait en dehors des phratries ; la naturalisation le faisait seulement entrer dans les dèmes. — Plus tard, à une époque de décadence, correspondant sans doute à la domination macédonienne, l'accès des phratries lui fut ouvert comme celui des dèmes (1).

D'autres, moins rigoureux, enseignent que, primitivement, le naturalisé put être membre d'une phratrie. Mais il n'y entrait pas *ipso jure*, de plein droit ; les membres de la phratrie votaient sur son admission. — Plus tard, on jugea inutile de les consulter ; et, de même que le δημοποίητος choisissait librement son dème, il choisissait aussi librement sa phratrie.

Un auteur récent, M. Philippi, s'est efforcé d'établir que jamais, même à l'époque macédonienne, le naturalisé, hors le cas d'adoption, n'a pu être légalement membre d'une phratrie. Il n'y a pas même à distinguer entre l'hypothèse où les φράτορες consentaient à l'accueillir et celle où ils s'opposaient à son admission. C'était la loi elle-même qui écartait de la phratrie le δημοποίητος.

Aucune de ces trois opinions ne peut, à notre avis, résister à un examen attentif.

(1) Hermann, *Staatsalterthümer*, 5ᵉ édition, § 99, 4.

La distinction proposée entre le temps qui a
précédé et le temps qui a suivi la conquête macédonienne ne trouve aucun appui dans les textes.
Nous connaissons aujourd'hui près de cinquante
décrets de naturalisation ; il y en a parmi eux qui
remontent au commencement du IV° siècle avant
notre ère, et même à la fin du V° siècle ; il y en
a un qui est antérieur aux réformes d'Euclide.
Dans les plus anciens, comme dans les plus ré-
cents, on lit : γράψασθαι φρατρίας ἧς ἂν βούληται (1).

Si, appliquée aux dèmes, cette formule signifie
que le naturalisé a le droit de choisir, comment
n'aurait-elle pas la même signification lorsqu'elle
s'applique aux phratries ?

A cet argument, qui se présente si naturellement à l'esprit, M. Philippi ne trouve d'autre
réponse que celle-ci : « La formule des décrets ne
doit pas être prise tout à fait à la lettre. Elle veut
dire seulement que la naturalisation pourra avoir
des effets juridiques, même au point de vue des
phratries... (2) » Ainsi, le naturalisé pourra entrer
dans une phratrie en se faisant adopter. Les enfants qui naîtront de son mariage avec une femme
athénienne pourront être admis dans la phratrie de
leur mère, sur la présentation de leur aïeul ma-

---

(1) *Corpus inscriptionum atticarum*, I, n° 59, p. 35 et 36,
titre de l'archontat de Glaukippos, 410 av. J.-C. : φρατρίας ἧς
ἂν βούληται. — *Eod. loc.*, II, n° 54, p.25, titre de l'archontat de
Charikleides, 363 av. J.-C. : φρατρίας ἥστινος ἂν ἀπογράψαται.

(2) *Beitræge zu einer Geschichte des attischen Burger-
rechtes*, p. 114.

ternel, etc. Mais le naturalisé ne pourra pas, de sa propre autorité, se faire inscrire dans la phratrie qui lui plaira.

Nous le demandons à tout lecteur de bonne foi : M. Philippi ne se met-il pas en contradiction formelle avec le texte qu'il prétend expliquer? Le texte dit : Ἐξεῖναι τῷ δημοποιήτῳ γράψασθαι φρατρίας ἧς ἂν βούληται. M. Philippi traduit : « Hors un cas exceptionnel, celui d'adoption, le naturalisé ne peut être membre d'aucune phratrie. »

Ce qui est très-probable, c'est que beaucoup de naturalisés ne profitaient pas des droits que le texte des décrets leur accordait. Les rois du Bosphore, Leukon, Spartocos, Eumelos, Satyros, qui avaient reçu le droit de cité athénienne pour eux et pour leurs enfants, ne furent jamais des citoyens effectifs; peut-être même n'allèrent-ils jamais à Athènes. On a peine à croire qu'ils aient réclamé leur inscription dans un dème et surtout dans une phratrie au culte de laquelle ils devaient toujours rester étrangers. Le titre d'Athénien était pour eux une simple distinction, à laquelle ils attachaient un grand prix et dont Leptine ne les aurait pas dépouillés sans les froisser profondément; mais Sainte-Croix ne s'est pas trompé en les qualifiant de « citoyens honoraires. »

Même parmi ceux qui résidaient à Athènes, beaucoup s'abstenaient de demander leur admission dans une congrégation d'ordre religieux. Pour des marchands, pour des soldats, la qualité de citoyen n'avait de prix que parce qu'elle leur

conférait l'aptitude à exercer des droits civils et
politiques. Le point de vue religieux ne les in-
téressait guère.

II.—Nous venons de dire que les décrets de naturalisation accordaient expressément au δημοποίητος
le droit de se faire inscrire dans tel dème, telle
tribu, telle phratrie, qu'il lui plaisait de choisir.
Son choix était-il illimité? Portait-il sur toutes
les phratries, sur tous les dèmes?

Plusieurs textes, dont les plus anciens remontent seulement à la fin du IVe siècle, parlent de
restrictions légales au droit du naturalisé de
choisir son dème ou sa phratrie, sans nous
mettre à même de dire exactement quelle était
la raison d'être de ces restrictions.

Ainsi, dans le décret relatif à Pisithidès de
Délos, on lit : Γράψασθαι δὲ αὐτὸν δήμου καὶ φυλῆς καὶ
φρατρίας ἧς ἂν βούληται ὧν οἱ νόμοι λέγουσιν (1). Il y
avait donc des dèmes, des tribus, des phratries,
dont les lois avaient parlé, et c'était seulement
parmi ces groupes que le choix de Pisithidès pouvait
s'exercer (2).

C'est probablement à ces lois restrictives de la
faculté d'option que se réfèrent d'autres décrets
qui disent simplement : Γράψασθαι φυλῆς καὶ δήμου καὶ
φρατρίας ἧς ἂν βούληται κατὰ τὸν νόμον.

On pourrait être tenté de rattacher au même

(1) *Corpus inscriptionum atticarum*, t. II, n° 115^b, p. 410.
(2) *Eod. loc.*, II, n°s 228, 243, 272, 288, 320.

ordre d'idées un décret, dont le texte est très-mutilé : γράψασθαι ..... ἧς ἂν βούληται, πλὴν ..... (1). — Si l'on complète ce texte en lisant : πλὴν ὧν οἱ νόμοι ἀπαγορεύουσι (2), on arrive toujours au même résultat, avec cette seule différence que les premiers décrets supposent que le législateur avait énuméré les dèmes et les phratries ouverts aux étrangers, tandis que cette dernière formule se référait à une loi déterminant les dèmes et les phratries dans lesquels les étrangers ne pouvaient pas se faire inscrire.

Peut-être y aurait-il une autre explication.

Il est permis de croire que, à côté des restrictions légales applicables à tous les naturalisés, il pouvait y avoir des restrictions spéciales, tenant à des circonstances personnelles au naturalisé. On lui accordait en principe le droit de se faire inscrire dans le dème, dans la phratrie ἧς ἂν βούληται ; on lui interdisait toutefois telle ou telle phratrie, tel ou tel dème nominativement désignés. — Il ne faudrait pas alors faire intervenir les lois (ὧν οἱ νόμοι ἀπαγορεύουσιν) pour combler la lacune du décret.

Ce qui nous fait accorder la préférence à cette dernière explication, c'est qu'elle nous paraît confirmée par le texte du décret relatif à Archippos (3). L'inscription contient d'abord le προβούλευμα séna-

---

(1) *Eod. loc.*, II, nº 307, p. 189.
(2) Duermann, *Animadversiones de titulis atticis*, p. 355.
(3) *Corpus inscriptionum atticarum*, t. II, nº 230, p. 98.

torial, dans lequel se trouve, avec une légère variante, la clause habituelle : Φυλὴν καὶ δῆμον καὶ φρατρίαν ἐλέσθαι αὐτὸν ἣν ἂν βούληται. Plus loin, il y a un amendement proposé et voté par le peuple : Αὐτὸν φρατρίας γένεσθαι πλὴν (1) ..... — Est-il admissible que l'auteur de l'amendement ait simplement visé les restrictions ordinaires, celles qui s'imposaient à tout le monde, parce qu'elles étaient inscrites dans la loi ? N'est-il pas plus naturel de croire que, si une modification fut apportée au projet sénatorial, ce fut pour introduire dans le décret une restriction particulière ?

Il ne faut donc pas, dans ces deux décrets, insérer la formule générale : Πλὴν ὧν οἱ νόμοι ἀπαγορεύουσι. Il faut se borner à admettre une restriction spéciale au naturalisé, et, comme on ne peut, par induction, rétablir le nom du dème ou de la phratrie exceptés, on doit laisser subsister les lacunes du texte.

III. — Pendant longtemps, les effets de la naturalisation ne furent pas restreints à la personne du naturalisé ; ils s'étendirent à ses enfants et descendants. La formule officielle des décrets, jusqu'au milieu du IIIᵉ siècle avant notre ère, est habituel-

(1) Hartel, *Studien über attisches Staatsrecht und Urkundenwesen*, 1878, p. 272. — M. Duermann, *Animadversiones de titulis atticis*, 1870, p. 353 et suiv., voit, dans l'inscription nᵒ 230, deux décrets distincts : l'un relatif au *donum civitatis conlatum*, l'autre au *donum civitatis redintegratum*.

lement : Εἶναι Δ. Ἀθηναῖον αὐτὸν καὶ τοὺς ἐγγόνους αὐτοῦ.

Elle ne dit rien de la femme du δημοποίητος. Si, au moment de la naturalisation, le naturalisé était engagé dans les liens d'un mariage avec une étrangère, cette femme devenait-elle citoyenne ?

Meier déclare l'affirmative probable : « Secus si esset, ajoute-t-il, non appareret quomodo liberi post donationem nati, cives fieri possent (1). »

Mais les faits, Meier l'avoue lui-même, paraissent donner un démenti à son opinion. Le riche banquier Pasion, naturalisé athénien, au moment de mourir, légua sa femme à son affranchi Phormion. Celui-ci parvint, longtemps plus tard, à la cité athénienne ; mais, au moment de la mort de son patron, il était étranger, tout au plus métèque. Si la veuve de Pasion, Archippè, eût été citoyenne, comment Pasion aurait-il pu croire à la possibilité du mariage de Phormion et d'Archippè, mariage interdit par la loi ? Il faudrait supposer que Pasion prévoyait qu'un décret donnerait le droit de cité à Phormion et qu'il testait en vue de cette éventualité ! — Malgré la naturalisation de son mari, Archippè était donc restée étrangère (2).

Il est vrai que, plus tard, le fils de Pasion cri-

---

(1) *De bonis damnatorum*, p. 59.

(2) Voir Démosthène, *C. Stephanum*, II, § 13, Reiske, p. 1132.

tiqua ce prétendu mariage. Pasion, disait-il, n'a pas pu donner sa femme à Phormion. C'eût été de sa part une infamie et il aurait paru mépriser la qualité de citoyen qu'un décret lui avait conférée. Ce serait Phormion qui, d'après Apollodore, aurait séduit Archippè, et qui, pour couvrir sa faute, aurait supposé un testament, etc., etc. (1).

Mais, à l'origine, Apollodore ne se plaignait pas ; il regardait comme très-valable le second mariage de sa mère, et, lorsque celle-ci mourut, il admit sans difficultés au partage de la fortune d'Archippè les enfants nés de la nouvelle union.

Quant aux enfants du naturalisé, ceux qui étaient nés avant la naturalisation étaient ci-toyens, d'après les termes même du décret, sans distinguer si leur mère restait étrangère ou devenait citoyenne (5).

Ainsi Apollodore, fils de Pasion et d'Archippè, fut naturalisé en même temps que son père. Le décret lui était si bien applicable qu'il se donne personnellement le titre de κατὰ ψήφισμα πολίτης (3).

Exceptionnellement, l'un des descendants pouvait être spécialement exclu de la faveur accordée à la postérité du naturalisé. Dans le décret relatif à Pisithidès de Délos, il est dit que ses

(1) Démosthène, *C. Stephanum*, I, §§ 3, 27, 35, Reiske, p. 1102, 1109, 1112.

(2) Démosthène, *Pro Phormione*, § 32, Reiske, p. 954.

(3) Démosthène, *C. Nicostratum*, § 18, Reiske, p. 1252.

descendants seront citoyens, πλὴν τοῦ π .... έντος ὑπὸ τῶν ἐχθρῶν τῶν τῆς πόλεως. L'exclu avait sans doute fait acte d'hostilité contre la République athénienne (1).

Vers le milieu du III° siècle avant notre ère, quelques années après la guerre chrémonide(2), la formule des décrets de naturalisation fut modifiée. Les décrets ne parlent plus que du naturalisé et gardent le silence sur ses descendants. Faut-il en conclure, avec M. Kirchhoff, que les enfants nés, avant la naturalisation, du naturalisé et d'une femme étrangère, restaient étrangers? Vaut-il mieux dire avec M. Buermann (3) qu'une loi décida une fois pour toutes que ces enfants seraient citoyens et qu'il parut dès lors inutile de s'expliquer sur leur condition dans le décret? Cette dernière opinion nous paraît la plus vraisemblable. Il est difficile de croire que les effets de la naturalisation aient été moins étendus au III° siècle que dans les siècles précédents.

IV.— La qualité de citoyen appartenait certainement en vertu du droit commun aux enfants nés, après la naturalisation, du δημοποίητος et d'une femme athénienne.

Mais quelle était la condition des enfants nés, après la naturalisation, du δημοποίητος et de sa femme restée étrangère?

(1) *Corpus inscriptionum atticarum*, t. II, n° 115ᵇ, p. 410.
(2) Athénée, *Deipnosophistæ*, VI, 57.
(3) *Animadversiones de titulis atticis*, 1870, p. 318.

Plusieurs textes prouvent qu'ils étaient étrangers. La seule difficulté qui nous embarrasse est celle de savoir si ces enfants, lorsqu'ils voulaient à leur tour devenir citoyens d'Athènes, étaient obligés de remplir toutes les formalités requises des étrangers ordinaires ou s'il n'y avait pas en leur faveur une naturalisation plus simple.

Dans un décret concernant Aischron, fils de Proxène, décret mutilé, mais que M. Kœhler a complété avec sa pénétration habituelle, on lit qu'Aischron obtient le droit de cité à Athènes, pour lui et pour ses descendants, comme l'ont eu ses ancêtres : καθάπερ καὶ οἱ πρόγονοι αὐτοῦ (1). L'inscription prouve que les formalités ordinaires de la naturalisation furent alors accomplies.

Au contraire, un autre décret de l'année 338 avant J.-C. indique une naturalisation privilégiée. L'Acarnanien Phormion avait obtenu pour lui et pour ses descendants le droit de cité athénienne, et le décret qui constatait cette faveur était exposé sur l'Acropole. Deux de ses petits-fils, Phormion et Karphinas, de nationalité acarnanienne, furent autorisés par un nouveau décret à se prévaloir, eux et leurs propres descendants, de la concession faite à leur grand père : Εἶναι Φορμίωνι καὶ Καρφίνᾳ καὶ τοῖς ἐκγόνοις αὐτῶν κυρίαν τὴν δωρειὰν ἣν ἔδωκεν ὁ δῆμος Φορμίωνι τῷ πάππῳ αὐτῶν (2). Ce n'était pas une naturalisation proprement dite ; du moins, le dé-

---

(1) *Corpus inscriptionum atticarum*, t. II, n° 309, p. 132.
(2) *Corpus inscriptionum atticarum*, t. II, n° 121, p. 56.

cret ne mentionne pas l'intervention habituelle
des prytanes faisant voter le peuple assemblé ;
c'était une simple extension de la faveur accordée
à leur aïeul (1).

De même, le décret relatif à Arybbas, roi des
Molosses, l'autorise à invoquer le droit de cité
précédemment conféré à son père et à son aïeul :
Ἐπειδὴ ἡ πολιτεία ἡ δοθεῖσα τῷ πατρὶ καὶ τῷ πάππῳ καὶ
αἱ ἄλλαι δωρειαὶ ὑπάρχουσι καὶ αὐτῷ καὶ τοῖς ἐκγόνοις καὶ
εἰσι κύριαι (2).

Voilà donc des témoignages contradictoires. Les
derniers, les plus anciens en date, reconnaissent
aux descendants du δημοποίητος, qui n'ont pas été
compris dans la naturalisation, une sorte d'aptitude
à devenir aisément citoyens. Plusieurs dispositions
de nos Codes pourraient être rapprochées de ces
décrets athéniens et serviraient à les justifier.

V.—Au point de vue politique, il n'y avait guère
de différence entre un citoyen d'origine et un natu-

(1) M. Buermann, *Animadversiones de titulis atticis*, 1870,
p. 302, donne une autre explication du nᵘ 121. Il s'agit pour
lui, dans ce décret, de descendants de naturalisés qui sont
citoyens de naissance, *natu cives*, qui viennent à Athènes
pour la première fois et qui sollicitent l'autorisation de se
faire inscrire sur les registres des dèmes ou des phratries.
— Mais le texte du décret dit expressément que Phormion
et Karphinas sont Acarnaniens : Οἱ Ἀκαρνᾶνες Φορμίων καὶ
Καρφίνας. Ils sont donc étrangers, et non pas *natu cives*, et
ils ont besoin de la naturalisation. *Corpus inscriptionum atticarum*, t. II, nº 121, ligne 6.

(2) *Corpus inscriptionum atticarum*, nᵘ 115, p 52.

ralisé. La seule dissemblance notable était que le δημοποίητος n'était admissible ni à l'archontat, ni aux sacerdoces. « A toutes les lois si belles, si énergiques, relatives au droit de cité et aux conditions à remplir pour devenir Athénien, s'ajoute une autre loi d'une importance capitale. Témoignage de la sollicitude que le peuple a pour lui-même et pour les dieux, cette loi pourvoit à ce que les sacrifices offerts au nom de la ville aient lieu avec toute la piété désirable. Si quelques personnes ont été naturalisées par le peuple athénien, cette loi leur défend expressément d'être admises soit dans le corps des neuf archontes, soit dans un sacerdoce (1). » Les Platéens, qui avaient pourtant beaucoup de titres à la bienveillance des Athéniens, furent soumis à cette prohibition (2).

Mais, si le δημοποίητος ne pouvait ni devenir archonte, ni participer comme ministre du culte à une cérémonie religieuse, cette incapacité, au IVe siècle avant notre ère, lui était personnelle et ne s'étendait pas à ses enfants. Ceux-ci, à la condition seulement qu'ils fussent nés d'une femme athénienne légitimement donnée en mariage au naturalisé, jouissaient de tous les droits attachés à la qualité de citoyen :

Ὅσους ἂν ποιήσηται ὁ δῆμος ὁ Ἀθηναίων πολίτας, ὁ νόμος ἀπαγορεύει διαρρήδην μὴ ἐξεῖναι αὐτοῖς τῶν ἐννέα

(1) Démosthène, *C. Nœram*, § 92, Reiske, p. 1376.
(2) Démosthène, *C. Nœram*, §§ 104 et 106, Reiske, p. 1380-1381.

ἀρχόντων γενέσθαι μηδὲ ἱερωσύνης μηδεμιᾶς μετασχεῖν, τοῖς δ'ἐκ τούτων μετέδωκεν ἤδη ὁ δῆμος ἁπάντων, καὶ προσέθηκεν ἐὰν ὦσιν ἐκ γυναικὸς ἀστῆς καὶ ἐγγυητῆς κατὰ τὸν νόμον (1).

Les enfants du naturalisé n'avaient pas toujours été si bien traités. Car, dans l'examen auquel étaient autrefois soumis les archontes, on vérifiait, nous dit Pollux, εἰ Ἀθηναῖοί εἰσιν ἑκατέρωθεν ἐκ τριγονίας (2), si, dans la ligne paternelle et dans la ligne maternelle, ils étaient citoyens depuis trois générations. Ainsi, le petit-fils descendant d'un naturalisé marié à une femme athénienne, l'arrière-petit-fils descendant d'un naturalisé marié à une femme étrangère, étaient les premiers admissibles à l'archontat parmi les descendants du naturalisé.

Le témoignage de Pollux se rapporte à une époque bien antérieure à celle du discours contre Nééra (343-339 av. J.-C.), antérieure même à l'admission des Platéens au droit de cité. Peut-être doit-on le faire remonter au VIe siècle ou au commencement du Ve. Le grammairien ajoute, en effet, qu'on vérifiera non-seulement l'origine de l'archonte, mais encore εἰ τὸ τίμημα ἔστιν αὐτῷ (3); or cette nécessité de justifier d'un certain revenu fut supprimée par Aristide. Le texte

(1) Démosthène, *C. Neœram*, § 92, Reiske, p. 1376; *Eod. loc.*, §§ 101 et 100, p. 1380-1381.
(2) *Onomasticon*, VIII, 85.
(3) Pollux, *Onomasticon*, VIII, 86.

recueilli par Pollux est donc plus ancien que
l'année 489.

VI.— Quant aux droits civils, aucune différence
n'existait, à notre avis, entre la condition juridique du citoyen d'origine et celle du naturalisé.

Wachsmuth a écrit cependant que les δημοποίητοι
ne pouvaient pas faire de testament et qu'ils
n'avaient pas la plénitude de l'autorité maritale (1).

Il est vrai qu'on lit dans un des plaidoyers
d'Apollodore : « Notre père Pasion a été fait
citoyen par le peuple ; il ne pouvait donc pas faire
un testament (puisque la loi défend au ποιητός de
tester); il ne pouvait pas non plus disposer de sa
femme Archippè, puisque les lois ne lui donnaient
pas à son égard la qualité de κύριος (2). »

Mais on peut répondre, d'abord, pour l'autorité maritale, qu'Archippè était étrangère,
et que peut-être les lois athéniennes ne
lui étaient pas applicables. En admettant même
qu'elle fût régie par le droit d'Athènes, Archippè
était épiclère (3) ; or, la garde, l'autorité, la puis-
sance qu'implique le titre de κύριος, n'apparte-
naient pas, en droit strict, aux maris des femmes
épiclères. Ce n'était donc pas parce que Pasion
était δημοποίητος qu'il n'était pas le κύριος d'Archippè ; c'était parce que cette femme était

(1) *Hellenische Alterthumskunde*, 2ᵉ édition, I, p. 474.
(2) Démosthène, *C. Stephanum*, II, § 15, Reiske, p. 1133.
(3) Démosthène, *C. Stephanum*, II, § 10, Reiske, 1134.

ἐπίκληρος, que son mari, quel qu'il fût, naturalisé ou citoyen d'origine, n'avait pas le titre
de κύριος (1).

Pour le testament, nous croyons avoir déjà,
dans une étude publiée en 1870 (2), mis en pleine
lumière l'erreur volontaire commise par Apollodore. — Il y avait une loi qui n'accordait le droit
de tester qu'à ceux qui étaient dans leur famille
d'origine, πεφυκότες γνήσιοι, et qui le refusait à ceux
qui étaient entrés par adoption dans une autre
famille, ποιητοί. Apollodore voulait faire tomber le
testament de son père, citoyen naturalisé, πολίτης
ποιητὸς ὑπὸ τοῦ δήμου. Jouant sur le sens du mot
ποιητός et spéculant sur l'ignorance des Héliastes,
il soutint que cette loi avait eu en vue les δημοποίητοι ou citoyens naturalisés.

Mais la fraude est évidente. Le sens de la loi est
nettement précisé par un passage du discours de
Démosthène contre Léocharès, dans lequel la loi
est reproduite, et l'on y trouve une antithèse frap-
pante entre, d'une part, ceux qui ne sont pas
adoptés et qui peuvent faire un testament et,
d'autre part, ceux qui, ayant été adoptés, sont
privés du droit de tester tant qu'ils restent dans
leur famille adoptive (3).

La loi sur laquelle s'appuyait Apollodore n'était

(1) Dareste, *Les plaidoyers civils de Démosthène*, II, p. 308,
note 4.

(2) *Annuaire de l'Association pour l'encouragement des
Études grecques*, 1870, p. 26.

(3) Démosthène, *C. Leocharem*, § 68, Reiske, p. 1100.

donc pas, comme le disait l'orateur, applicable aux naturalisés. Ceux-ci pouvaient, aussi bien que les citoyens d'origine, laisser un testament.

L'opinion de Wachsmuth a encore des partisans; mais Wachsmuth en a lui-même reconnu l'inexactitude et il l'a formellement rétractée (1).

NOTE

POUR FACILITER LA DÉTERMINATION DE LA DATE DES DÉCRETS DE NATURALISATION.

Les formules des décrets de naturalisation peuvent être ramenées à trois principales (2).

I.

Εἶναι Δ. Ἀθηναῖον αὐτὸν καὶ ἐκγόνους,

Καὶ εἶναι αὐτῷ γράψασθαι φυλῆς καὶ δήμου καὶ φρατρίας ἧς ἂν βούληται κατὰ τὸν νόμον,

Τοὺς δὲ πρυτάνεις τοὺς τὴν εἰσιοῦσαν πρυτανείαν πρυτανεύοντας δοῦναι περὶ αὐτοῦ τὴν ψῆφον τῷ δήμῳ εἰς τὴν πρώτην ἐκκλησίαν (3).

Cette formule est la plus ancienne.

(1) *Hellenische Alterthumskunde*, 2ᵉ édition, t. II, p. 168, note 88 et page 877.

(2) Buermann, *Animadversiones de titulis atticis quibus civitas alicui confertur vel redintegratur*, Leipzig, 1870.

(3) *Corpus inscriptionum atticarum*, t. II, nᵒˢ 51, 54, 115ᵇ, 151, 187, 228, 243, 272, 273, 288, 208, 320.

On la rencontre dans tous les décrets qui nous sont connus comme ayant date certaine antérieure à la 115e Olympiade (320 av. J.-C.) (1).

A partir de cette époque, elle a été, pendant quelques années, employée concurremment avec la formule n° II (2).

Elle disparaît complètement à partir de la 125e Olympiade (280 av. J.-C.).

II.

Εἶναι Δ. Ἀθηναῖον καὶ τοὺς ἐγγόνους αὐτοῦ,

Καὶ ἐξεῖναι αὐτῷ γράψασθαι φυλῆς καὶ δήμου καὶ φρατρίας ἧς ἂν βούληται,

Τοὺς δὲ πρυτάνεις, οἳ ἂν πρῶτον λάχωσιν πρυτανεύειν, δοῦναι περὶ αὐτοῦ τὴν ψῆφον εἰς τὴν πρώτην ἐκκλησίαν,

Τοὺς δὲ θεσμοθέτας εἰσαγαγεῖν αὐτῷ τὴν δοκιμασίαν τῆς δωρεᾶς εἰς τὸ δικαστήριον ὅταν πρῶτον οἷόν τ' ᾖ (3).

Cette formule apparaît pour la première fois vers l'année 320 (4).

Elle coexiste avec la formule n° I jusque vers l'année 280 (5).

(1) En 369 (*C. I. A.*, II, n° 51); en 362 (*Eod. loc.*, n° 54); vers 322 (*Eod. loc.*, n° 187).

(2) En 307 (*Eod. loc.*, n° 213); de 287 à 282 (*Eod. loc.*, n° 320).

(3) *Corpus inscriptionum atticarum*, t. II, n°° 223, 229, 273ᵇ, 300, 309, 312, 318, 382, 397.

(4) *Eod. loc.*, n° 220.

(5) En 295 (*Eod. loc.*, n° 300); vers 287 (*Eod. loc.*, n° 309); en 286 (*Eod. loc.*, n° 312); vers 283 (*Eod. loc.*, n° 318).

A partir de l'année 280 jusqu'à la fin de la guerre chrémonide (263 av. J.-C.), et même pendant quelques années après cette guerre (1), elle est exclusivement employée.

III.

Δεδόσθαι Δ. πολιτείαν κατὰ τὸν νόμον,

Τοὺς δὲ θεσμοθέτας, ὅταν πληρῶσιν δικαστήριον εἰς ἕνα καὶ πεντακοσίους δικαστάς, εἰσαγαγεῖν αὐτῷ τὴν δοκιμασίαν τῆς πολιτογραφίας,

Καὶ εἶναι αὐτῷ δοκιμασθέντι γράψασθαι φυλῆς καὶ δήμου καὶ φρατρίας ἧς ἂν βούληται (2).

Cette troisième formule apparaît vers le milieu du IIIᵉ siècle ; elle doit être postérieure de quelques années à la guerre chrémonide (263 av. J.-C.).

(1) *Eod. loc.*, n° 397.

(2) *Corpus inscriptionum atticarum*, t. II, n°ˢ 395, 396, 401, 402, 427, 428, 420, 455, 514.

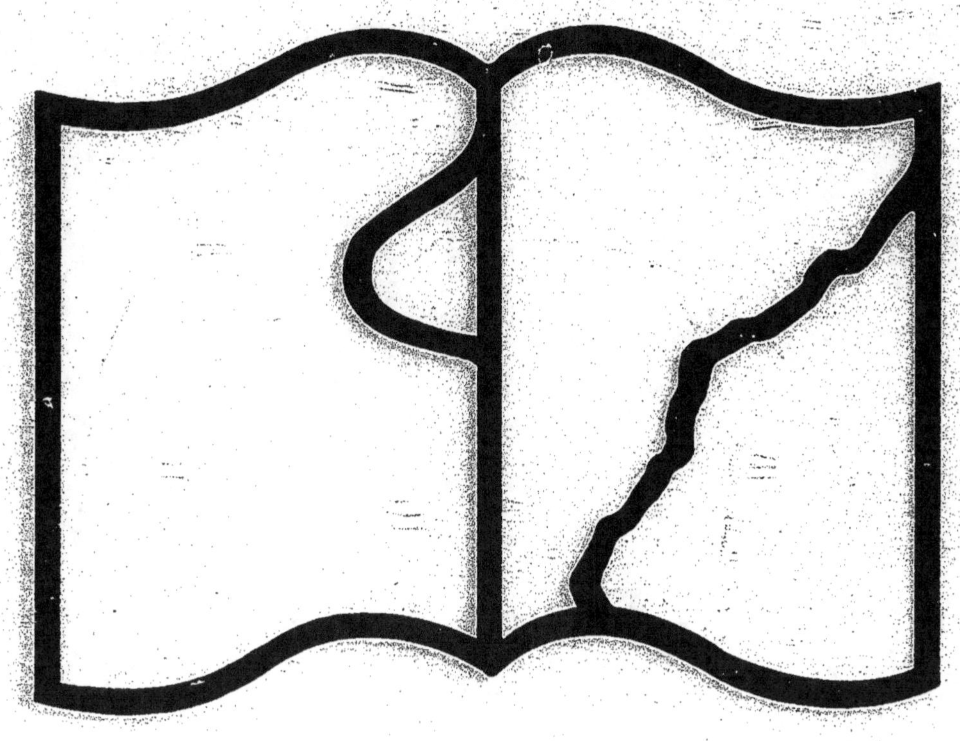

Texte détérioré — reliure défectueuse

NF Z 43-120-11